もしかしてうちの子も？

しのびよるネット中毒の危険と対策

山中千枝子・女子パウロ会/共著

女子パウロ会

もくじ

もしかしてうちの子も？——しのびよるネット中毒の危険と対策

もくじ

表紙・本文イラスト／マッティイヤ　みやもと

はじめに

スマートフォンが急激に普及し、以前から心配されていた長時間のインターネット使用によって脳が壊されることが、ついに実証されました。本書は、おもにネット・ゲーム愛好者が直面するネット中毒の危険、症状、対策について、また、「スマホ育児」にも目を向けています。

豊かな社会を目指して開発されたインターネットの世界は、これから先どの分野でもますます発展していくことでしょう。そこで、正しくネットを使用し、悪用によって心身の破壊をまねくことのないよう、自分のためにも将来を担う子どもたちの見守りのためにも、これだけはという知識をわかりやすくまとめてみました。

後半では、保育園・小・中・高校などで講演し、中毒に陥ったかたがたの相談も受けている「こうちねっと見守り会議」会長の山中千枝子さんが事例をあげて、ネット中毒の実情を紹介しています。

この小書が読者の皆さまの幸せな日々のために役立つことを、心から願っています。

I

ネット中毒の危険と対策

星野家のストーリー

女子パウロ会

●登場人物

星野ユキ……中２　ゲーム大好き
星野優子……75歳　ユキの祖母　ネットの経験なし
星野一郎……大学生　ユキの兄　依存傾向強い
星野雄一……50歳　ユキの父　仕事でスマホ使用
星野直美……47歳　ユキの母　パズルゲーム
佐藤清子……32歳　スマホ使用　二児の母

ネット・ゲームに夢中になる気持ち

わたしがゲームをする理由

（日曜日の午後）

優子　ユキちゃん、お散歩に行かない？　いいお天気よ。

ユキ　今ゲーム中だから、パス。

優子　あら、午前中ずっとしてたのに飽きないの？

ユキ　うん。

優子　おばあちゃんの子どもの頃はテレビが出始めた頃で、ゲームもスマホもなかったのよ。そうだ、今日は、ユキちゃん、ネットについてちょっと教えてくれる？

ユキ　うん、まあいいけど……。（めんどくさいなあ）

優子　まず、どうしてそんなにスマホやゲームをするの？

ユキ　それって、おおげさな質問だよ。小さい頃からパパと一緒にゲームしてたし、スマホはみんな持ってるから、考えたことなかった。
優子　そう。じゃあ、ゲームのどこが面白いの？
ユキ　ゲームっていっても、スマホとゲーム機ではできるゲームが全然違うし、内容もいろんな種類[1]があるんだよ。パズルとか育成とか日常のものから、戦争をテーマにしたものも多いんだ。
優子　そうなの？　みんな同じに見えるけど。
ユキ　人によって好きなゲームも楽しみ方も違うよ。[2]ユキが初めて遊んだのは、仲間を集めて冒険する物語なんだ。自分が育てたうれしさもあるし、一緒に旅をして、困難を乗り切った喜びもある。ゲームの中の仲間が現実にいたら毎日楽しいだろうなあ。

ゲームをする理由はただ面白いだけじゃない？

優子　本当に好きなのね。大人も子どもも同じ気持ちかしら？
ユキ　いろいろだよ。知っている人のことを思い出してみる。

ゲームするわたしはどのタイプ?

もっと強くなりたい、仲間の役に立ちたい

Aくんはカードバトルゲームに熱中している。課金して強いカードを入手し、戦いに勝つのが楽しい。仲間から厚い信頼を得ている。

キャラクターが魅力的!

Bちゃんはアイドル育成ゲームに夢中。個性豊かなキャラクターやその関係性に魅力を感じている。

コミュニケーションがとれる

Cさんの楽しみはオンラインゲームで仲間と会話すること。気が合ってなんでも話せる、自分の居場所だと感じている。

わけもなく心をおそう不安やモヤモヤを解消したい

Dくんはいつも不安。ゲーム中は気持ちが楽になる気がする。

スキマ時間に暇つぶし

Eちゃんは待ち合わせや移動中にスマホのゲームアプリで暇つぶしをする。気軽にパッとできるのでちょうどいい。

ただなんとなくやっている

Fちゃんはとりあえずスマホゲームを始め、なんとなくやってみる。目的もなければ、やめる理由もとくにない。考えることを放棄している。

生活のプログラムに組み込まれている

Gさんは一歳の子どもがいる専業主婦。日中は家事、育児をこなし、夫の帰宅後はゲームの時間。結婚前からの習慣で、夫も理解がある。

自分は絶対中毒にならないと確信している

Hさんは小さい頃からゲームに親しんで二十年。今までも問題なく、育成ゲームが好きなので、現実に支障はないと思っている。

自己肯定感が低い

Iくんは自分が嫌いで、現実の人間関係に疲れている。ゲームの中では本当の自分を隠せるし、人付き合いが嫌になったらすぐに縁を切れるのがよいところだと思っている。

ネットでつながる子どもたち

ゲームがきっかけで仲良くなったり、放課後に一緒に遊んだりする。ネット・ゲームなら、いつでも、どこでも、だれとでもつながれる。ゲームをしない子が会話に入れないこともある。

知ってほしいネット・ゲーム中毒のこと

現実よりゲームのほうが大切？

優子　ゲームする人の理由をみると、もともとゲーム好きな人だけじゃないみたいね。

ユキ　ゲームアプリの影響かな。前は好きな人だけがゲームしていたけど、今はスマホで簡単にできるから、だれでも遊びやすくなったんだ[3]。

優子　そうか。ようやく納得したわ。男性も女性も大人も子どもも、吸いこまれるように見ている人があまりにも多いので、どうしてもふしぎだったのよ。

　それで、ユキちゃんは今、一日にどのくらいゲームしてるの？

ユキ　休みの日は六時間、平日は三時間くらいかな。

優子　ちょっと多すぎない？　今、ネット依存とかゲーム依存の危険

性について問題になってるのよ。依存症チェックリストがあるから、やってみない？

ユキ えっ、そこまでしなくても大丈夫だって。

優子 実はおばあちゃんはね、終戦後のヒロポン中毒とかアルコール中毒を知っている世代なので、大変な目にあった人をたくさん知ってるの。だから、インターネットも長時間使うと脳に麻薬と同じ異変がおこると知って、これはただごとじゃないと思ったのよ。

ユキ そうか。おばあちゃんがそんなに心配してるならやってもいいよ。

優子 最初に一つ。**現実より、ゲームのほうが大切**だと思う？

ユキ まあ、思ったことはあるけど……。

優子 一度でも思ったことのある人は、要注意！　さあ、やってみましょう！

インターネット・ゲーム依存症　チェックリスト

過去一年間の状態を振り返って、もっとも当てはまるものをお答えください。最後に、それぞれの合計数を書きましょう。

		①まったくない	②あまりない	③ときどきある	④頻繁にある
1	インターネット・ゲームに熱中し、他のことをしているときも頭を離れず、ついそのことを考えてしまう。				
2	一日でもインターネット・ゲームがやれないと、落ち着かなかったり、イライラしたり、怒りっぽくなったりする。				
3	インターネット・ゲームの使用時間が長くなり、休みの日やその前日には8時間以上、週に30時間以上やり続けてしまう。				
4	インターネット・ゲームをやめよう（減らそう）と思っても、自分の意思ではやめられず、ついやりすぎてしまう。				
5	インターネット・ゲームに熱中するようになって、これまで好きだったことや趣味に関心がなくなった。			幾分その傾向あり	その傾向が顕著
6	インターネット・ゲームのやりすぎで、生活や健康に問題が起きているとわかっているのに、やり過ぎてしまう。				

7	インターネット・ゲームをプレイする時間のことで、家族や周囲の人に本当のことを言わないことがある。				
8	嫌な気分から逃れようとしたり、紛らわそうとして、ついインターネット・ゲームをすることがある。				
9	インターネット・ゲームを優先する結果、家族や友人との関係をおろそかにしたり、勉学や仕事を怠ったりする。				
	合計				

判定の方法

④に当てはまるとき、その診断項目に該当するとみなします。**5項目以上④に該当する場合**、インターネット・ゲーム依存の疑いが強いと判定されます。専門的な診断と治療をお勧めします。

その基準に達しなくても、**1項目でも④に該当する項目がある場合や、③が5項目以上ある場合**は、予備軍だと言えます。このままの状態が続くと、依存症に移行する場合もあるので、十分注意した方が良いでしょう。

このチェックリストは、ＤＳＭ－５の internet gaming disorder の診断基準に基づいて作成したものです。

出典＝岡田尊司『インターネット・ゲーム依存症――ネトゲからスマホまで』（文藝春秋　二〇一四年　二八八～二八九頁）

スマートフォン（スマホ）依存症　チェックリスト

過去一年くらいのスマホの使用状況について、もっとも当てはまるものをお答えください。最後に、それぞれの合計数を書きましょう。

	1	2	3	4	5	6
	スマホに気を取られていて、予定していたことに支障が出たことがある。	スマホをついやってしまい、勉強や仕事に集中するのが困難なときがある。	スマホの使用中に、手首や首の後ろに痛みを感じることがある。	スマホなしには耐えられないだろう。	スマホが使えなくて、イライラしたり不機嫌になったりしたことがある。	スマホを使っていない時も、スマホに関係することを考えることがある。
①まったくない						
②あまりない						
③ときどきある				幾分そうかも		
④頻繁にある				全くその通りだ		

7	スマホによって生活に大きな支障が出ていたとしても、スマホの使用をやめることは考えられない。			幾分そうかも	全くその通りだ
8	他の人の書き込みややり取りを見逃さないように、スマホで、ツイッターやフェイスブックなどを、絶えずチェックすることがある。				
9	最初の予定より、スマホをやり過ぎてしまうことがある。				
10	周囲の人からスマホをやり過ぎだと言われることがある。				
	合計				

判定の方法

該当する答えの数字（①であれば1点）を足し、出た合計得点が、スマホ依存スコアです。非依存者の平均は約**22±8点**、依存している人の平均は約**34±10点**。判定の目安：**25〜29点**＝「いくぶん依存の傾向あり」、**30〜33点**＝「依存の傾向がやや強い危険群」、**34点以上**＝「依存の傾向が強い依存群」。

このチェックリストは、簡易にスマホ依存の傾向をスクリーニングするために開発されたSmartphone Addiction Scale 簡易版（SAS－SV）をもとに作成したものです。

出典＝岡田尊司『インターネット・ゲーム依存症—ネトゲからスマホまで』（文藝春秋　二〇一四年　二九〇〜二九一頁）

ユキ　うわあ、けっこう当てはまってる。他人事《ひとごと》じゃなくなってきた。

優子　気がついてよかった！　具体的な症状を書いた本があるわ。

こんな症状、ありませんか？

感情のサイン

・最近、性格が変わったといわれる
・自分の感情をコントロールできない
・相手の気持ちを理解できない
・頭がぼーっとする
・うつ、無気力、社会恐怖
・イライラ、攻撃的、すぐキレる

体のサイン

・睡眠リズムの乱れ、睡眠不足
・食欲がない
・太る
・頭痛
・目が悪くなった（ドライアイ、眼精《がんせい》疲労）
・手が痛い（腱鞘炎《けんしょうえん》や手根管《しゅこんかん》症候群）
・腰痛

ユキ　中毒って体や生活にこんなにひどい影響があるんだ。

優子　専門のお医者さんから、詳しくお訊きしましょう。

脳への影響は、麻薬や覚醒剤と変わらない

優子　先生、インターネット・ゲームを長くし続けると、本当に麻薬中毒と同じように、脳に悪い影響があるんですか？

医師　はい。ずっと心配されていたことが実証されたんですよ。二〇一三年にアメリカ精神医学会も「インターネットゲーム障害」として診断基準に採用したんです。

ユキ　具体的には、脳の中でどうなるんですか？

ネット中毒は脳内のドーパミンのはたらきによる

医師　ゲームをして楽しいと感じるのは、脳内にスリルや興奮や高揚

感など、快楽をもたらす「ドーパミン」という物質が分泌されるからです。ゲームは脳に強い刺激を与えるので、やればやるほど、ドーパミンもたくさん分泌されるんですよ。

ユキ　じゃあ、ずっと楽しめるってことですよね？　どこが悪いんですか？

医師　**ドーパミンが大量に分泌され続けると、だんだん喜びを感じにくくなる。ゲームを始めたときと同じくらい喜びを感じるには、もっと長い時間、もっと強い刺激が欲しくなるんです。**

そうなると、日常生活はつまらなくなって、すごく落ち込んで、気持ちが不安定になり、攻撃的になったりする。

さらにその状態が続くと、幻覚や幻聴に悩まされて、最悪の場合、自殺してしまうこともあるんですよ。

ユキ　ええっ！　そんなことがあるんですか!?

医師　極端に聞こえるかもしれないけど、それは脳への影響によるも

ので、自分の意志と関係ないんですよ。

ユキ　「**脳への影響は自分の意志とは関係ない**」って、どういうことですか?

医師　人間の脳は、仮想で学習したことを現実で実行できます。[4] つまり、仮想でも現実でも、脳に同じ影響を与えられるんです。

　中毒によって、脳が正常にはたらくことができなくなったときには、仮想と現実の区別がつかなくなるんですよ。

ユキ　わたし、自分は絶対大丈夫だと思ってたけど、意志や気持ちだけの問題じゃないんだ。

優子　そうすると、日常生活の中での予防がとても大切になりますね。家族はもっとも身近にいて一人ひとりの様子がわかるんですから。

オンラインゲームには、飽きさせず夢中にさせる仕組みがある

ユキ　うちのお兄ちゃんが心配になってきました。オンラインゲーム

に熱中していて、ほとんど毎日明け方までやり続けているんです。
優子　えっ！　一郎くんが？　まったく知らなかったわ。
医師　**オンラインゲームは、やめられないようにできているんですよ。**ゲーム会社が利益を得るには、より多くの人に、より長く遊んでもらうことが重要なので、飽きさせず、ドーパミンの分泌によって夢中にさせる仕組みが、非常によく考えられているんです。
　お金もかかるし、依存度が強くなると、心身が壊されます。
ユキ　ハマっちゃう気持ちもわかりますけど、仕組まれているなんて悔しい！
優子　自分がゲームをやらなくても、このことは知っておかなければなりませんね。とくに、子どもたちを見守る立場にいる親（保護者）や学校の先生は。
　自分は大丈夫だと思っている人も、軽い気持ちでネット利用やゲームをしている人も、一度見直してみるに越したことはありませんね。

対策は？

「安心していられる場」
人との「つながり」をつくる

優子　じゃあ、中毒にならないためにどんな対策があるか、たくさんの事例を知っているカウンセラーに訊きましょう。

相談員　対策は、大きく二つに分けて考えられます。まず予防です。次に症状があらわれたとき、後戻りできないほどの重症にならないための対策です。予防は、乳幼児の頃から保護者が十分に注意をもって始めなければなりません。このことはとても大事ですので、別に時間をさいて小児科医など専門家に詳しく聞いてください。

まず、**依存の背景にある原因をつかんで、解決すること**です。中毒になる子どもや大人は、一人ひとり複雑な原因をかかえていることが多いですよ。でも、**共通してみえている原因は、安心して、自分のままでいられる場所がないこと、人との「つながり」がないことです。**

優子　そうですねえ。わかります。

相談員　たとえば、両親の争いが絶えなかったり、いじめがあったり、授業についていけなくて不登校になる。また、職場での仕事上のストレスや過酷な状況や、むずかしい人間関係など、いろいろです。

ユキ　そういえば、学校で〝寝るキャラ〟と言われている子がいるよ。家では寝ないでゲームしてるみたい。両親が離婚したあとのことだよ。

ゲーム以外に、熱意と情熱をもって向かえるはっきりした目標を持っていること

相談員　次に、本人がゲーム以外に熱中できるものをもつことです。

症状の重い人を支える人は、その心に寄り添って、改善策を見つけるようにしてください。**家族で解決できないときは、専門家の協力もいりますよ。いちばん避けたいことは、本人やその身近にいる人を責めたり、追い詰めたりすることです。**

優子　いちばん苦しい思いをしている本人と一緒に歩くんですね。

スマホと子育て

乳幼児にはネットなしで

優子　さっそく、赤ちゃんの頃からの予防について調べなくては。気になっていることがあるの。

ユキ　どんなこと？

優子　今、問題になっている「スマホ育児」のこと。子育て中のお母さんたちが、乳幼児にスマホやゲームを子守代わりに使ってるの。

ユキ　そうなんだ。でも、お母さんだってスマホくらい使うよ。ご近所の清子さんも赤ちゃんに見せてるよ。

優子　そう？　**赤ちゃんの頃から十歳までは心身の発達とコミュニケーション能力を育てる大切な時期だからって、日本小児科医会がいろいろ呼びかけているわ。**治療現場の状況と、医学や脳科学の研究に基づいて、二〇〇四年に五つの提言[5]を出しているのよ。

五つの提言

1. 二歳までは、テレビ・DVDの視聴を控えましょう。
2. 授乳中、食事中のテレビ・DVDの視聴はやめましょう。
3. すべてのメディアへ接触する総時間を制限することが重要です。一日二時間までを目安と考えます。
4. 子ども部屋にはテレビ、DVDプレイヤー、パーソナルコンピューターを置かないようにしましょう。
5. 保護者と子どもでメディアを上手に利用するルールをつくりましょう。

※ここでのメディアとはテレビ、DVD、電子ゲーム、ケータイ、スマートフォン、タブレット端末などの電子映像メディア機器を指します。

これはテレビ時代にできたもので、今はスマホ利用によってもっと深刻な事態になってるのよ。親（保護者）が使うスマホとの接触や子守代わりに使われるスマホによって、赤ちゃんの頃から脳内に麻薬と同じ影響が刻みこまれると、中毒の入り口までいたるのではないかと、脳科学者や精神医学の先生が本当に心配してるそうよ。

スマホに子守りをさせないで！
○
×

赤ちゃんと目と目を合わせ、語りかけることで赤ちゃんの安心感と親子の愛着が育まれます。

ムズかる赤ちゃんに、子育てアプリの画面で応えることは、赤ちゃんの育ちをゆがめる可能性があります。

親子が同じものに向き合って過ごす絵本の読み聞かせは、親子が共に育つ大切な時間です。

親も子どももメディア機器接触時間のコントロールが大事です。親子の会話や体験を共有する時間が奪われてしまいます。

散歩や外遊びなどで親と一緒に過ごすことは子どもの体力・運動能力そして五感や共感力を育みます。

親がスマホに夢中で、赤ちゃんの興味・関心を無視しています。赤ちゃんの安全に気配りが出来ていません。

一般社団法人　日本小児科医会

遊びは子どもの主食です

愛着形成

親の顔と声と手は、赤ちゃんにとって最高のおもちゃです。

お手伝い

子どものやりたがる気持ちを大切に。親子のかかわりで生活能力、役立ち感が養えます。

外遊び

五感や体力を育て、毎日が新しい発見や体験の連続です。

生活リズム

子どもは遊びの天才です。

しっかり遊ぶとぐっすり眠り、よく食べるようになります。

集団遊び

ことばや運動能力、社会性(ルールを守る)、相手を思いやる心などが育ちます。

～スマホを置いて ふれあい遊びを～

どこで遊ばせる? どう遊ぶ?

子どもの遊び場を確保するのは地域の大人の責任です!

公園、子育て広場、児童館、図書館、プレーパーク(冒険遊び場)、園庭開放などを利用しましょう!

公益社団法人 日本医師会　　公益社団法人 日本小児科医会

優子　小児科の田澤雄作先生[6]はこう言っておられるのよ。

「コミュニケーション能力とは、携帯を操って仮想世界で出会いの相手を見つける力ではありません。現実世界で、感情を持った人間と互いを思いやりながら一緒に生活を築いたり仕事をしたりできる力です。

それは親に愛されることや、友達と遊びを作り上げていく経験からしか学ぶことはできません。……人間が言葉を獲得していくプロセスは、聞く、話す、読む、書く、の順番が自然です。」

スマホに子守をさせると、赤ちゃんは直接に母親の声を聞いたり、見てもらえないし、自分に向き合って自分の要求に応えてもらえないので、無表情で、あまり泣いたり笑ったりしない赤ちゃんになるんですって。

言葉や体の発達も遅れ、大人になっても他の人とコミュニケーションをとるのが非常にむずかしい人間になるといわれているのよ。

ユキ 赤ちゃんの頃って、一生の土台をつくる大事な時期なんだね。
優子 でも、**育児の責任を母親だけに負わせてはいけないと思うわ。**
清子さんと会う約束をしてるの。行ってみましょう。

すぐに泣きやむ魔法のアプリ

（清子さん宅訪問。乳児のいる家なので、事前に約束済み。ピンポーン）
清子 はーい。優子さん、ユキちゃん、お待ちしていました。
ユキ おじゃまします。あれ、コウちゃんもいますか？ 日曜日は、小学校で野球の練習でしたよね。
清子 練習どころか、学校にも行っていないの。リビングにいるけど、一日中ゲームばっかり。返事もしないのよ、まったく。
ユキ （もしかして、中毒寸前かも……）コウちゃんと話してきてもいいですか？
清子 ええ、じゃあお願い。隣の部屋にいるから。

（ヒナが大声で泣く。清子はアプリを見せる）

優子　ヒナちゃん、大きな声で元気いっぱいねえ。

清子　元気なのはうれしいんですけど。ほら、ヒナ、これ見て見て。

優子　それって「子守アプリ」？

清子　ええ。この子、夜泣きもぐずりも激しくて大変だったんです。
でも、これのおかげでピタリと泣きやんで、じっと画面を見てくれる。
「ああ、助かったあ」と思いました。

どうしたらいいの？　お母さんの叫び

優子　本当にすぐに泣きやむのね。赤ちゃんにスマホはよくないけど。

清子　それは、正直、きれいごとだと思います。子どもはかわいいけど、静かにしてくれる時間がないと、生活がまわらないんです。年中寝不足だし。

優子　清子さん自身が、スマホを使うこともあるの？

清子　ええ。**授乳に時間がかかるときなど。仕事に行けない、夫とも**

ほとんど会話はない、子育ての不安や心細さ。そういうつらさや孤独感も、スマホの向こうには共感してくれる人がいて、コミュニケーションがとれる。そのことにどんなに救われているか。それなのに、スマホは絶対ダメだと言われたら……。

優子　それはつらいわね。夫のいたわりのことばがあるだけでも、ずいぶん気持ちが楽になるのに。スマホ最優先になっていなければ、息抜きや調べものに使うのはいいと思う。ただし赤ちゃんの近くでは使用禁止。

　それにスマホを子守代わりに使うと、脳にドーパミンがはたらいて、使えば使うほど心にも体にも症状が出てくるの。

清子　えっ？

優子　とくに授乳のときは、赤ちゃんを抱いて目と目を合わせ、語りかけ、赤ちゃんに安心感を与え、母子の愛着を育てる大事な時。そのときスマホから離れてないと、スマホから出るブルーライトによって赤ちゃん（熟眠を必要とする幼い子）の眼や頭のはたらきに悪い影響があるの。眠りたくても眠れなかったらよくないわ。

子どもの成長のためには母親しかできないことがいっぱいあるし、赤ちゃんの頃は母親の愛情がとても大事。でも、その子の幸せを心から願って愛情をこめて育てる人がいるなら、母親だけが全責任を負うことではないという主張もあるわ。だから、ご主人や子育て支援センターなどからも、協力してもらったらいいわね。

清子　少し心が軽くなりました。夫にも相談してみようと思います。

優子　育児や教育は父親[7]と母親が二人で取り組む大きな仕事ですものね。子育ては苦しいことがたくさんあるけど、喜びも大きいものですよ。ところで、コウちゃんが学校に行っていないって？

清子　実は、一か月くらい前からなんです。一日中スマホでゲームしていて、食事や入浴もいつすませているのか。

優子　それは心配ね。

ゲーム中毒と不登校のコウちゃん

イライラも暴れるのも自分の気持ちじゃないのに……

（コウとユキの会話。隣の部屋とは会話が聞こえないくらいの距離）

ユキ　コウちゃん、久しぶり。元気？

コウ　……。（ゲーム中）

ユキ　それ自分のスマホ？　前から持ってた？

コウ　ヒナが生まれたときに、母さんがくれた。

ユキ　戦争ゲーム？　銃で人を撃ったり血が噴き出たりして、かなり暴力的だよね。

コウ　でも友達はみんなやってるよ。

ユキ　そう。ずっとゲームしてるの？　何時間くらい？

コウ　きのうから寝てない。

ユキ　えっ！　じゃあ二十四時間以上!?
コウ　あったりまえ。
ユキ　そうなんだ。でも、ちょっとゲームやりすぎだと思うな。
コウ　ユキ姉もオトナと同じこと言うんだ。母さんも父さんも、先生も、ゲームやめろって言う。何もわかんないくせに。
ユキ　わたしもゲーム好きだよ。今も注意されてる。
コウ　じゃあ、ユキ姉もわかるだろ。オトナってすぐ決めつけるよな。
ユキ　うん、わかる。今日もおばあちゃんに言われて、うるさいと思った。でも、おばあちゃんの顔見たらさみしそうな顔してた。いつもゲームしてたから、おばあちゃん、家族とあんまり話さなかったし、寝不足なのを本当に心配してくれてたんじゃないかって気づいた。
　きっと清子おばちゃんも同じだと思う。
コウ　うちは違うよ。父さんも母さんもすぐ怒る。こないだなんて、朝起きたらゲームもスマホも全部勝手に隠されてたんだ。すぐ取り返したけど。信じらんねー！
ユキ　それはおばちゃんたちがいけなかったね。でも、そのときの二人の顔、ちゃんと見た？　ただ怒ってた？

コウ　うーん……。ほんとは困ってるの、わかってる。でも、ゲームしてないとなんかすげーイライラする。

ユキ　なんとかできたらいいと思う？

コウ　思うけど、できないよ。オレ、嫌なやつになっちゃった。

ユキ　イライラするのは、ゲームのやりすぎで脳がさせてるんだよ。コウちゃんの気持ちとは反対にね。

コウ　でも、ゲーム仲間がいるし、やめるなんて考えられない。母さんや父さんともうまく話ができないし。クラスのみんなも、すぐキレるオレなんか嫌がるだろうし……。

ユキ　すぐできなくてもいいよ。コウちゃんと話をするの、みんなも待ってると思うよ。

コウ　そうかなあ？

ユキ　よーし、じゃあ、ちょっと体を動かそうよ。ずっと床であぐらかいてたら、猫背になっちゃうよ。

コウ　もうなってるよ。急に動けない。あ、目が痛い。

ユキ　画面の見すぎだよ。ブルーライトの影響もあるって。手を上にあげて、背中を伸ばして……深呼吸。よし！　さあ、おばあちゃんたちも話し終わったみたい。みんなの所に一緒に行く？

コウ　ううん、いい。行かない。

ユキ　そう。じゃあまたね。今夜はちゃんと寝るんだよ。

（ユキが合流）

清子　今、優子さんから中毒の話を聞いていたの。まさかうちの子が？　と信じられなかったけど、ちゃんと向き合おうと思う。

ユキ　コウちゃん、お母さんとうまく話ができないって心配してました。何か話しかけてください。

自分のことを気にかけてくれていると思っただけで、きっと変わると思うんです。

清子　そうねえ……。ゲームのこと、聞いてみようかな。ユキちゃん、今日はコウと話してくれてありがとう。また来てね。

ユキ　はい。わたし、コウちゃんの気持ちはよくわかるんです。

親のできることは何？

清子 子どもたちのいのちを守るために、親は何をしたらいいのかしら。この際よく考えたいと思いました。とくにスマホについて。

優子 そうねえ。それなら、わたしの友人にインターネットの研究をしている人がいるので、一緒に勉強しに行きましょうか。

（二人で、研究室を訪ねる）

清子 先生、子どもがネットの悪用をしたり、病的な依存にならないために、親としては何をしたらいいのでしょう？

先生 心配しないで気づいた今から始めましょう。一言で言うと、**親（保護者）の学び、注意と約束、見守り、指導です。**具体的には、

学び●保護者が、インターネットとはどういうものか、ネット中毒が深刻な病気であることをよく知ること。

注意と約束●スマホやネットを使うとき、その知識を教えたうえで、

使用するときのルールを親子で一緒につくること。また、スマホやゲーム機を与えるときには、有害なものから守るためにフィルタリングを必ず設定すること。わからなかったら、お店の人に尋ねてください。

見守り● つくったルールが守られていなければ、自覚させ、やめさせること。また、寝不足や攻撃性など、心や体の状態や日常生活に乱れはないかを見守ること。

指導● 中毒らしい症状が見えたら、知識のある小児科や精神科の診療を受けること。

これだけは知っておきたいインターネットの特徴

優子　でも先生、親がネットの知識をもつのはむずかしいですね。

先生　では、ここでは、ごく簡潔に、テレビと比べて説明しましょう。

テレビはチャンネルを選ぶだけで、「受け身の姿勢」で利用します。インターネットは、積極的に自分が仕事や勉強や娯楽などのために

知識を得たり、世界に向かって一瞬のうちに自分からも情報を発信できます。つまり、自分が主になって受信も発信もできるのです。

インターネットはすごく多くの情報が入ったコンピューターの膨大な集まりで、よい情報も、利用者をどんどん悪に導く悪い情報も混じっています。ゲームもそのネットとつながっています。

だから利用の仕方によって、より豊かな自分にもなれるし、反対に破滅にもいたるのです。手の中で操作できる小さなスマホにも、このコンピューターと同じはたらきがあるので、子どもには判断力がつくまで、持たせないのがいいのです。

大人も判断し、自制し、責任をもって使用することが重要です。

ユキ 学校でも教わったような気がするけど、悪い面なんてあまり考えてもいませんでした。

清子 ネットでよく思春期の多感な青少年が悪い情報に誘われることが多いといわれているので、家庭での見守りが大切ですね。

優子 でも各家庭でネットの教育はむずかしいので、グループで勉強するとか、何か方法を考えられたらいいですね。

ネットと上手に付き合う法

家族みんなのルールづくり

優子　みんな、集まってくれたわね。

一郎　ふああ～、まだ夕方の七時前じゃん。ゲームやってて、さっき寝たばっかりなんだけど。オレもいなきゃダメ？

ユキ　うん、お兄ちゃんにかなり関係ある話だから。

一郎　（嫌な予感……）

ユキ　今日、ネット中毒について調べたんだ。ゲームをやりすぎると、脳には麻薬と同じ異変がおきるんだって。ここに書いてあるわ（19頁参照）。みんなわかったかな。

直美　よくわかったわ。ゲームは危険！　ってことね。さっそく捨てましょう！

雄一　そう焦らないで。何か目的があって家族を集めたんだろう？

優子　そうよ。今から、みんなでよく話し合って、家族みんながネットをよく使えるようにルールをつくりたいと思ってるの。
直美　でもお母さん、今、脳に悪い影響があるって聞いたわ。すぐにやめたほうがいいでしょう。
優子　わたしもそう思ってたわ。でも、ゲームが好きだったり、スマホに助けられたりすることがたくさんあることもわかったの。
雄一　そうだね。これからの社会は、インターネットの使用なしではたらけないよ。仕事上の利用はもちろん、日常生活でも、ありとあらゆる分野でね。だからお母さんも、パソコンに少しは慣れたほうがいいよ。ネットで世界が広がるよ。
一郎　でも、ルールなんて絶対むり！　ユキだけやればいいじゃん。
ユキ　お兄ちゃんのほうが重症なんだから、ダメ。

（話し合い後）

ユキ　じゃあ、これで決定ね。

星野家のルール

♣１日あたりの使用時間	ユキ：平日45分、休日１時間
	一郎：平日１時間、休日２時間
♣パソコンやスマホは	ユキ：放課後～午後９時まで
	一郎：午前８時～午後10時まで
	それ以降はリビングに置く

♣ゲーム機は共有スペース（リビング）に置く

♣課金はしない

♣定期的にチェックリストをやってみる（毎月１回）

♣守れなかったとき　　３日間、ゲーム禁止

♣パパとママとおばあちゃんは、ルールが守られているかを確認する（共有スペースの見守りも）

※各家庭でルールを決めるときの参考として
・使用する時間帯、場所は、家族が見える環境にする
・ゲームは１日30分、他のネットを含んだ総利用時間は、１日およそ２時間が目安といわれています。
各家庭の具体的な状況をみて、話し合ってください。

一郎 しっかり決められちゃったなあ。ルールがこれ以上厳しくなったら、オレ家出する。
ユキ ユキはがんばるよ。パパもママもおばあちゃんもね。

オンラインゲーム、今がやめどきと腹を決めた！

（半年後）
一郎 オンラインゲーム、やめたんだ。
ユキ ほんと!? あんなに熱中してたのに！
一郎 今度こそ、本当に全部消した。
ユキ 思い切ったね！ 三日間やらないでいるだけでも、すごいと思ってたよ。
一郎 オンラインゲームは容赦ないんだ。世の終わりだ。
ユキ 何、それ。極端すぎて、よくわからないんだけど。
一郎 ルール守れなくて、初日からさっそく三日間禁止だったじゃん。
ユキ うん。

一郎　団体戦の途中で抜けるなんて絶対できない。オレがいないと、みんなに迷惑かかるし。

ユキ　うん、うん。それで？

一郎　まず、ゲーム以外に何していいかわかんなくて、とりあえず横になったけど、全然寝られないしさ。ずっとゲームのことが気になって、結局やっちゃったんだよな。

ユキ　うん。パソコンごと布団にくるまってるのを見つけたときは、本当に心配だった。

一郎　今度こそ、ちゃんと三日間がまんしようと思って、今までのことを考えてたんだ。ルールも守らないで、うそまでついてゲームしてたのに、ユキもみんなもよく見捨てないで信じて励ましてくれたよな。それで、今日から絶対がんばろうと思ったんだ。

ユキ　そっか。

一郎　それで三日ぶりにログインしたら、運営会社からサービス終了のお知らせが届いてたんだ[8]……。

ユキ　えっ！　そんな。それは絶望的な損害だったね。

一郎　前だったら次のゲームを探してた。でも、これはチャンスだと思ってさ。今がやめどきだって腹を決めた。それで、どうしてこんなにハマっていたのか、徹底的に考えてみたんだ。コッノヤロー！

オンラインゲームには〈容赦なくハマらせる仕組み〉[9]**があって、いろんな方法で続けさせ、お金がかかるようにできているんだ。**

最初は無料でだれでも簡単に進めるように、やさしく調整されてるんだ。イベントやランキングは、「**今しかない**」、「**報酬の希少なキャラクターやアイテムがほしい**」って気持ちにさせるし、**新しいものが次々に追加され続けるから、ゲームは延々と続くんだよな。**

結局、**ゲームの強さは、プレイ時間と、課金額と、無料配布アイテム数で決まるんだよ。**

今までのことがムダだったとは思わないけど、これからは、もっと別のことに使いたいよ。

ユキ　そうだね。前進！

今は、ネット中毒を治療する病院が足りない

一郎　それとさ、ユキも聞いただろ。ネット・ゲームがすぎると脳にはドーパミンというのがどんどん分泌されて、ひどくなると後戻りできない中毒になるんだってな。

日本でさえも、少ないけど、ネット中毒を治療する病院ができてるんだけど、治療を受けたい人が多くて病院が足りないくらいらしいよ。

ユキ　えっ、そんなに病的に依存してる人が多いの!?

一郎　オレ、もうダマされるのはゴメンだ。ゲームにハメられて、オレの意志じゃないのに薬物を使用したときのように、心も体もやられて中毒の入り口まできていたなんてナ。

ユキ　気がついてよかったよ。

友達やパパとゲームして楽しかったことやなつかしい思い出がユキにはたくさんあるけど、そのまま続けていたら、やっぱりあぶなかっ

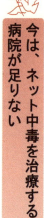

たかもね。

ゲームはもっと単純に面白かったはず

一郎　「お金がかからなかったところが、ゲームの面白いところ」、「本来の面白さを取り戻そうと思ったら、『こんなフェアじゃないゲームで遊んでも面白くない』ってみんなが気づかなければならない」って言ってる人がいてさ。[10] そういうことかって、納得したワ。

ユキ　初めの頃は、ゲームソフトを買った時点で、内容が完成してたよね。でも、今はお金をかけた人ほど、内容が充実する仕組みになってきた。ゲームをつくる人たちが、「本来の面白さ」を考えてくれると安心だね。

ゲームよりも、ステキな目標が見つかった！

（優子が合流）

優子　あら、ふたりともここにいたの。めずらしいわね。
ユキ　たしかに、ゲーム以外では久しぶりかも。
一郎　そういえば、ユキはこのごろゲームやってないよな。
ユキ　そう！『赤毛のアン』と出会ったから。
一郎　えっ！　読書苦手だっただろ。どうしたんだよ。
ユキ　うん。それでおばあちゃんに相談したら、『赤毛のアン』を薦めてくれたの。読み始めたらすっかりハマっちゃった。いつか原書で読むのが夢！　おかげで、英語の勉強も楽しくなったよ。
優子　喜んでくれてとってもうれしいわ。ユキちゃんが訳すアンのお話を早く読みたいなあ！
ユキ　**夢中になれることって、意外と身近なところにあるんだね。**
一郎　そうか。ゲーム以外でオレの夢中になるものってなんだろう？

中毒を乗り越えるために

父さんはオレの気持ちわかってくれてるから暴れてもだまって止めてくれる

（半年後、清子の家。ピンポーン）

ユキ　コウちゃん、こんにちは！　元気？　何見てるの？

コウ　ネコ。隣のタマがよく来るんだ。

ユキ　へえ、かわいいねえ。お父さんやお母さんとお話ししてる？

コウ　うん。父さんには「おはよう」くらいは言う。母さんは、最初ゲームのことを聞いてきて、銃で人を撃つって言ったらしばらく何も言わなかった。でも、「教えてくれてありがとう」って。

ユキ　よかったね。もう、あのゲームはやってないの？

コウ　うん、まだイライラするけど、父さんが怒らないで止めてくれるんだ。ほんとは暴れたくないっていう、オレのこと、わかってくれてる。あ、水やりの時間だ。今、プランターで花を育ててるんだ。

ユキ　へえ、きっときれいな花が咲くよ。待ってるね。

助け合いながら自分のルールを守って

（リビングの壁に貼ってあるコウの約束を見る）

ユキ　あ、コウちゃんもルールをつくったんだね。

コウ　守ってるよ。ユキ姉と約束したからがんばってる。ヒナが泣いたらすぐ走っていくんだ。母さんと一緒に子守してる。

ユキ　えらいねえ。うちのお兄ちゃんはね、ゲームやめて、今は写真とるのに夢中みたいだよ。山とかにも行ってる。

　でも、初めはすごく苦しそうで何回もルールやぶってた。最後は、「もう『神頼み』だ。祈るしかない」なんて言ってたよ。

コウ　オレも、ユキ姉がいつも優しくしてくれたから、学校に行けた。

イライラもしてたけど、宿題したり、母さんの手伝いしてるうちに、ゲームしないでもすむようになってきた。サンキュー！

コウの約束

✿一日の使用時間は30分。午後4時から午後6時の間
（学校の放課後〜夕食前までの間）
✿ゲームやスマホは、リビングにいるときだけ使う
✿課金はしない
✿定期的にチェックリストをやってみる（毎月一回）
✿守れなかったときは、三日間ゲーム禁止

子どもを危機から守ろうとする大人たち

優子　それにしても、育児って食事や睡眠には気をつけるのに、ゲームやアプリや自分の使っているスマホの乳幼児への影響までは注意し

ない人が多いようねえ。

清子　あれから友達と話したり、いろんな本を読んだんですけど、発達障害の中でも、とくにＡＤＨＤ（注意欠如多動性障害）の原因や病状悪化につながるということを警告している専門家もいますよね。

ユキ　あるＩＴ産業の創業者は、自分の三人の子どもには十四歳になるまで、スマホを与えなかったんだってね。[11] 与えたあとも、寝る前の使用時間の制限や食事をするときはいっさい禁止。ネットのすばらしさも危険もよく知っていたからだよね。

優子　残念ながら、日本では大人がインターネットの知識を持つ前に、携帯やゲームやスマホが子どもたちに普及してしまった。だから今も、親も学校も、指導がむずかしい状況だとか。

　ネットにもともと興味のない人は、ネットの勉強をするのはすごく大変。このたびは、ネット中毒が社会問題になっているらしいので、ユキちゃんや一郎くんのことが心配で少しだけど調べたのよ。

ユキ　それはどうも。

清子　育児や子どものしつけをする人、保育園や幼稚園、小学校で生徒の指導にあたる人、もう中毒になっている人の家族や生徒とかかわってる人は、相当、深刻なことに直面しているとか。今、いろいろ動き始めているらしいですね。

真剣な各国の取り組みと遅れている日本

ユキ　各国で、依存症の対策に真剣に取り組んでいるんだよ。[12] 韓国ではネット依存がみられる子どもには、国の費用で、十一泊十二日の断ネットキャンプ「レスキュースクール」を開いているし。中国やタイなども対策を練っているね。

優子　それに比べて、日本はまったく遅れているわね。国もＩＴ業界も教育の現場も一緒になって、本当に真剣に取り組んでもらいたい！

ユキ　待っているだけでなく、おばあちゃんがいろいろ心配して調べて教えてくれたように、ユキも「まず、危険があることを知ってね」って伝えるようにするよ。

II

ネット中毒の子どもたちを見つめて

保護者と子どもの生活から

山中千枝子

あきらめないで

「ただいま」

「おかえりなさい」

夕方の、いつものこの風景が変わったのはいつ頃からだろうか。

玄関のドアの開け閉めの音で、父親が帰ってきたことがわかる。黙ったまま父親はかばんを置き、上着を脱ぎ、居間のソファに座る。保育園から帰ってきていた三歳の洋司くん（仮名）が、一直線に父親に向かっていく。そして、父親の膝にもたれたまま動かない。父親の手に握られているゲーム機を、黙ったまま見つめている。一時間、二時間、父親の操作するゲームをただ見つめている。

「ごはんの準備ができたよ」

と、母親が呼ぶが、二人は、一向に動こうとしない。さらに三時間がたち、四時間がたとうとしている。やがて、お腹がすいた二人は九時近くなってやっとテーブルに座る。父親はゲームをしながら夕食を食べる。その横で洋司くんも父親のゲームを見ている。会話はない。

年長組になった洋司くんは、幼稚園にお迎えに行くと、母親のポケットに手を入れてスマホを取り出し、動画サイトを見るようになった。スマホを触っているときだけは、おとなしく手のかからない子どもだった。

そのうち多動傾向が見られるようになった。

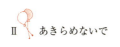

周りの大人たちは、育て方が悪いと母親を責めた。だれもが、ゲーム中毒、ネット中毒とは思わなかった。

せめて、食事のときのゲームをやめさせようと、母親は必死になったが、ゲームくらい、好きにさせてやれという父親の意見が強く、やめさせることができなかった。

小学校に入る頃には、ゲーム機やスマホを取り上げようとすると暴れるようになった。

「わたしの力では、何もできない」

母親は、そう言って泣いた。

「ううん、お母さん。お母さんがいるから大丈夫。一緒に川に行って魚を釣ったり、山に行って木の実を探したりしよう。そのほうが楽しいことを教えようよ。ゲームより楽しいことがたくさんあることを子どもたちに教えようよ」

あきらめないで。母親であることを。

ゲームを止めて

その子は、一時間目の授業が終わる頃、開いているドアから滑り込むように入ってきた。中学一年生の伊藤道夫（仮名）である。彼は、教室に入ってくるなり、自分の机になだれ落ちるように突っ伏した。わたしが横に行って、「おはよう」と声をかけるが、返事はない。

「調子が、よくないの？」

返事はない。起きなよと、彼の体を引っ張り上げた。手を放すと、ぐたーと机に倒れる。どこにも力が入っていない。

「どうしたの？」

と聞くと、

「うん」

と、力ない返事が返ってくるだけ。

「教科書は？　勉強しようよ」

彼は、動かない。

「何時に寝たの？」

「三時。お願い、眠らせて」

消え入るような声で、答える。

「無理ですよ」

と、いつ入ってきたのだろう、担任がわたしに声をかけた。

「午前中は、無理」


彼は、毎日明け方までゲームをしているという。

学校から帰って、夕食を食べて、部屋に入るとすぐゲームを始め、ほぼ毎日明け方までゲームをしている。親は、ゲーム機を取り上げようとしたが、結局無理であった。最近は、ゲームをやめさせようとすると暴れるようになり、困りはて、どうしていいかわからない状態が続いているのだそうだ。

本人も、必死になって起きて学校には来ているが、昼過ぎじゃないと、気力が出てこない。それまで、放っておくしかないのだという。

彼の登校時間は、一時間目の授業中や、二時間目が多い。昼過ぎに来ることもある。原因は、ゲームだとわかっていたが、その頃はゲーム中毒ということがまだ専門家によって人々に伝えられていなかったのだ。

わたしが彼を知り、彼の教室をのぞきに行くようになった一年生から二年生の頃は、まだ、学校に来ていた。

三年生になり、保健室のソファで意識がないように眠っている彼を何回となく見ていたが、そのうち学校に来なくなった。

その後、不登校の適応学級からの訪問を受けるようになり、生活時間の立て直しを始め、三年生の終わり頃からは、ときどき教育相談の先生と学校に来るようになった。

中毒への治療がないまま、彼は中学校を卒業した。

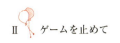

団らん

わたしはある幼稚園で、夕涼み会に来ている親子に、「幼稚園から帰って寝るまでの過ごし方について」の聞き取りをしていた。午後三時半頃にお迎えが来て、園児は四時前後に家に帰り着く。

約三十人に聞いた結果、ゲームやスマホで遊んでいる時間が多いのに驚いた。

特に夕食を食べながらタブレットで遊んでいたり、ゲームをしている幼児や児童がここ数年増えている。

おばあちゃんと、夕涼み会に来ていた五歳の男の子に聞いてみた。

「ごはんを食べながら、タブレットで遊んだりしたら怒られる?」

彼は、よくわからないという顔をして
「なんで」

と答えた。

「ごはんを食べるときは、今日あったことを話しながら食べるやろう。ゲームしてるとお話しできんやか（できないでしょう）」

と言うと、

「お話ししよったら怒られる」

と言う。

「お母さんは、どうしゆ？（どうしてる？）」

「スマホでライン」

「お父さんは」

「スマホのゲーム」

「ばあちゃんは」

「テレビ見てる」

「じいちゃんは」

「新聞読んでるよ」

「みんなでお話しせんがや？（しないの？）」

と再び聞くと、

「お話ししたら怒られる言うたろ（言ったでしょう）」

と不思議そうに答えた。

「じゃ、いつお話しするの」

「あんまり話はせん」

寂しいでしょうと言おうとしたが、

「今日、お家に帰ったら、夕涼み会に来ちょったおばちゃんが、ごはんを食べるときにいっぱいお話をしたら楽しいよと言いよったと、お母さんに言うてみて」

と勧めると、今度は、素直に
「わかった」

と答えた。

「じゃあね」と、その場を離れようとしたとき、

「お姉ちゃんも居るよ。お姉ちゃんのことも聞いて」

と催促する。

「お姉ちゃんは?」

「スマホでラインしてるよ」

いつ頃から、こんな風景が見られるようになったのだろう。夕涼み会に来ている子どもたちの何人が「家族団らん」での食事をしているんだろう。ふと、そう思った。

おばちゃん、遊んで

朝、出かけようとすると、近所の玄関が開いて、黄色いカバーをつけたランドセルを背負ったよしくん（仮名）が出てきた。「おはよう」と声をかけると、ぴょこんと頭を下げ、そのままわたしの横を通り抜けようとする。

「いってらっしゃい。気をつけてね」

肩をそっとたたいて、そう言うと、

「うん」

と小さく答えた。笑顔がかわいい。そのとき、開いたままの玄関のドアの向こうから、よしくんのお母さんの声が追っかけてきた。

「ラインするき（するから）、学校から帰ってきたら見ときね」

「わかった」

よしくんは、小さな声で答えると学校に向かった。

夕方、仕事から帰り、何気なくよしくんの家を見た。玄関の脇に、黄色のカバーのついたランドセルが転がっている。

どうしたんだろう。気になって近くの公園に探しに行ってみると、だれもいない公園の隅にあるベンチで、スマホを握りしめて彼は座っていた。

「おかえり。どうしたの」

話しかけたわたしに彼はスマホを差し出して見せた。画面には、

「おかえり。宿題を済ませたら、ゲームでもして待っていて。遅くなる。ごはんチンして食べて」

と、お母さんからの連絡が入っている。

「ラインするからって、このことだったの？」

と、聞くと
「うん」

と答えた。

「寂しいね」

「いつもだよ」

「お話はしないの」

「するよ。宿題は済んだの。早く寝なさいって」

「一緒にお話ししたり、遊んだりしないの？」

「お仕事してるから、仕方がないよ。

でもね、ラインしてるから寂しくないよ」

彼は、そうつけ加えた。

本当に寂しくないの？　その言葉を、わたしは飲み込んだ。

「おばちゃんと、遊んでくれる？」

彼は、一瞬びっくりしたようにわたしを見た。

「いいよ」

スマホを上着のポケットに入れると、笑顔を見せた。砂場に走って
いくと、わたしを呼んだ。

「おばちゃん、お山をつくろう」

横から砂を集めて、ぽんぽんとたたき、大きな砂山ができた。

「もっと大きくしてみようかな」

と、よしくんが言う。

「オッケー」

わたしが答える。しばらく砂山をつくっていると、子どもたちが数人集まってきた。みんな、同じように首からスマホとカギをかけている。「スマホお留守番か」というわたしの声が聞こえないかのように、子どもたちが声をあげ始めた。

「お山をもっと大きくしよう」

「トンネルをつくろう」

四方八方からトンネルを掘り始めた。しばらくして、「やったー!」と、歓声が上がった。トンネルが開通したのだ。砂山の中央で、四人が握手。そーっと、トンネルから手を抜くと、

「つながった!」

特上の笑顔と大きな声がわたしに向けられた。

その後、公園の隅に落ちている木や木の葉を集めてきて、砂山にさ

し始めた。植林が完成。

「面白かったね。気をつけて帰りね。またね」

「ばいばい」

公園から出ていく子どもたちが、振り向いて大きな声で言った。

「おばちゃん、また遊んでね。お話、いっぱいしてね」

わたしは、子どもたちを見送りながら、「なんでラインだろう。なんでお手紙じゃないんだろう」と、声に出してみた。

「そうよ、昔のお母さんも忙しかったんで（忙しかったのよ）。でも、少しの時間を見つけては遊んでくれた。童謡も歌ってくれた。家事をしながら、お話もたくさんしてくれた。ラインしてるからって安心しないで。ラインだけじゃ、寂しいんだぞ」

わたしは、ちゃぶ台に置かれた母のメモの温かさを思い出していた。

スマホ、買いなさいよ

桂子（仮名）は、中学受験で憧れの中学校に入り、念願だった吹奏楽部に入部。部活、勉強ともに、充実した中学校生活を送っていた。

夏休みに入って一週間がたったとき、練習終了後のミーティングで、スマホを持っているかと、キャプテンが、みんなに聞いた。

ほとんどの部員の手があがった。

「持っていない人は、六人だけね。お家の人と相談して買ってもらってください。これから部活の連絡を無料通信アプリでします」

「どうする？」

桂子は、五人と話をした。

「親と相談するけど、たぶん無理やね」

「中学生は、まだ必要じゃないって言われているんだけど」

「うちは、買ってくれると思う」


桂子は、スマホを持つ必要性を感じていなかった。

「なんで、スマホなんやろう」

という桂子のつぶやきに、友人は簡単に答えた。

「いっぺんに連絡ができるきやろ（できるからでしょう）」

「今まで、ミーティングの時に伝えてくれたやか（くれたじゃない）。スマホじゃなくてもいいのに」

結局、桂子ともう一人がスマホを買ってもらえなかった。部活での連絡は、キャプテンが家の固定電話にかけてくれたり、桂子の教室に伝えに来てくれるようになった。


夏休みが終わり、秋の文化祭に向けて部活が活気づいてきたある日、桂子は部室に呼び出された。そこには二年生が数人、待っていた。

「キャプテンに、いつまで迷惑をかけるの。スマホ買いなさいよ」

「たかが、スマホでしょう」

「なんでこだわるがよ」

叱責されて泣いて帰った桂子を見て、母親が学校に相談に行ってくれたが、子どもたちが決めたことだから、という答えしか返ってこなかった。桂子は孤立し、だんだん学校に行けなくなった。


時は流れ、今年、桂子は成人式を迎えた。

桂子はたかがスマホでと思わず、たかが無料通信アプリでと思わずに、中学生の自分にとって何が必要なのかを考えた。その時の桂子の選択肢にスマホは入っていなかった。彼女は世の中の風潮に流されず自分の信念を貫いた。

そんな自分を全力で守ってくれた両親に、今あらためて感謝している。

動物園で

ここ数年、動物園と遊園地の様子が変わってきた。動物たちや遊園地の遊具が変わったわけではない。

子どもたちの遊び方が変わった。ライオンのおりのそばのベンチで、フラミンゴの柵の前のベンチで、観覧車の下で、スマホやゲーム機で遊んでいる子どもたちが増えてきたのだ。

「ふれあい広場」で子どもたちを待つ両親も、柵のそばのベンチでスマホと格闘している。その横をすり抜けて、わたしは屋内動物園に入ってみた。ワニやチンパンジーのおりの間を走り回って遊んでいる子どもたちは多いが、大人が少ない。ワニの餌やりを、じっと見ていた男の子に話しかけた。

「だれと来たの?」

「お母さん」

「お母さんは、どこにいるの?」

「お外。トラさんの前」

「二人で来たの?」

「お姉ちゃんと三人」

「お姉ちゃんは?」

「お外。お母さんと二人でゲームしてる」

「動物を見に来たんじゃないの?」

「動物を見たいのは、ぼくだけ」

「一緒に遊びに来たんでしょう?」

「うん。一緒に遊んでいるよ」

外に出てみると、トラのベンチに座っているお母さんらしい女性と小学四、五年生くらいの女の子が、スマホに向かっている。そばに行って声をかけてみた。

「こんにちは。ここに座っていいですか」

二人は、スマホに見入ったまま、少し横に座り直した。

「ありがとう」

わたしの言葉は二人の頭の上を通り過ぎる。十分、二十分、三十分。

二人はスマホから視線を外さない。四十分、五十分……。たまりかねて声をかけてみた。

「面白い？」

「うん」

スマホから視線は離れない。そのとき、

「お母さん」

と呼びかけるかわいい声と一緒に、さっきの男の子が帰ってきた。

「もうちょっと遊んできいや（きなさいよ）」

そう答えた母親に、

「テナガザルの子どもがかわいいよ。一緒に見に行こうよ」

すがりつくような顔で母親の手を引っ張った。

「一人で見てきいや。もうちょっと遊んできい（きなさい）」

それを聞いて泣き出しそうな男の子に

「おばちゃんと行こうか」

と、わたしは、思わず声をかけた。やっと顔をあげ、わたしに気がついた母親は、言った。

「お願いします」

男の子が遊びたかったのは、わたしではない。

親に、見つめられ、話しかけられて育つことのなかった子どもたちは、自分を好きになれないとわたしは思っている。同じ空間にいながら、ひとりぼっちのこの男の子は、自分を好きになることができるのだろうか。自分を好きになって初めて他人を尊敬でき、人間関係をきずいていくようになれるとわたしは思っている。

ネット依存の親が増えてきた。その横では、ネット依存予備軍の子どもがいる。

分娩室のスマホ

その日、月に数回行っている電話相談に向かっていたわたしは、昼頃から降りだした雨のせいで渋滞している道路事情に、やきもきしていた。
ギリギリに到着したわたしは、ドアを勢いよく開けて中に入った。その時、事務所の横のソファに座っている女性に呼び止められた。聞いてほしいことがあるという。横に座ると、彼女はすぐに話し始めた。助産師の彼女は、数か月前から、出産時やその後の母親のスマホの使用に危機感を持っていた。
「最近、分娩室へスマホを持って入るお母さんが多くなりました。陣痛の間や出産時も、生まれた赤ちゃんを胸に抱かせたときも、スマホを離さないんです」

赤ちゃんも一生懸命この世に生まれ出てきたのに、最初に対面するのはスマホの画面である。


授乳室でも、同じ。片手で子どもを抱き、片手でスマホを操作する。当然、子どものほうは見ていない。無料通信アプリで友人や家族と連絡を取り合ったり、ゲームに夢中になっている。母親に抱かれて、見つめるわが子に視線を合わすことはほとんどない。

やめるように声をかけると、生返事をしたり、「なんでいかんが。勝手よろ（勝手でしょ）」と、食って掛かるという。

この話に驚いたわたしが、病院はスマホ禁止にしないのかと尋ねると、そんなことをしたら患者さんが来なくなるとのこと。

「この子たちは、将来どうなっていくんやろ（いくんだろう）。いかんよね。絶対、おかしいよね」

助産師の彼女は、何度もわたしに同意を求めた。

「スマホのレンズを通してしか親を認識しない子どもたちは、どんな大人になっていくのだろうか。不安を感じている」

と、彼女はそう言って帰っていった。退院して、子どもと一緒にわが家に帰った親はどうしているんだろう。

スマホとタブレットが、子どもを追って撮影する。保育園や幼稚園の行事だけでなく、小学校、中学校になっても、絶えず親のレンズが子どもたちを追っかける。果てしなく増え続けるＤＶＤ。タイトルは、『かわいいわが子』。

「お願いお母さん、わたしを見て」
「お願いお母さん、わたしを抱いて」

子どもたちの声を聞いて、子どもを抱きしめて。

デジタル・ダイエット・キャンプ

今年の冬は、厳しい寒さと春を思わせる暖かさとが交替にやってきた。めったに雪が降らない高知市でも雪が降り、庭先のプランターに霜が降りた。

そんな中、わたしの所属する「こうちねっと見守り会議」は、「第四回子どものネット利用に関する全国研修会」を、一月二十一日（土）と二十二日（日）に開催した。

一日目は、高知市の男女共同参画センターを会場に、講演と各地の活動報告、トークライブ、夜の交流会を行った。県内外から、約六十人の参加があった。

二日目は、越知町野老山《ところやま》の小学校（現野老山公民館）で「デジタ

ル・ダイエット・キャンプ」を行った。これは、昔遊びや体験活動を行うことにより、ネットやゲームから離れようとする取り組みである。野老山は、高知市から約四十キロ離れた所にある澄んだ空気と自然が美しい山間の集落である。ここには、約四十人の参加があった。

わたしは、教員を定年退職してすぐに立ち上げた「こうちねっと見守り会議」で、講演や研修、相談活動を行っているが、最近心を痛めていることがあった。病的ネット依存、つまりネットやゲーム中毒の相談が多くなり、しかも、その状況が深刻化していることである。

わたしの組織でできること、わたしのできることは何かについて、ずっと模索していた。メンバーと話し合い、大好きな野老山で実施しようと計画したのが「デジタル・ダイエット・キャンプ」である。これは単なる「ネットやゲーム断ち」ではなく、親子関係の再構築を中心に置いた取り組みである。

その第一回を、昨年（二〇一六年）十一月に野老山で実施した。昔遊びや伝承行事を親子で体験することの効果は、確かな感触として受け取ることができた。わたしはこの内容を全国に発信しようと、「全国研修会」の二日目にプログラムした。

一月二十二日。年明けから雪がちらつく寒い日が続いていたが、その日の野老山は、暖かい日差しが降り注ぎ、県内外からの参加者を温かく迎えてくれた。

「こんなへんぴな所へ、よく来てくださいました」

と、「野老山おとなの学校」（この会場で定期的に開かれている、おもに高齢者が通っている学校）の学級長さんたちの笑顔の挨拶を受けた後、プログラムは開始された。

まず、「拍手手遊びゲーム」。拍手の数だけグループを作り、自己紹介を繰り返していく。五歳から七十歳代まで、約四十人の参加者に一体感が生まれるまで、時間はかからなかった。

次に、車座に椅子を並べての「わらべ歌ハンドゲーム」。「わらでの縄ないリースづくり」、「よさこい鳴子踊り体験」と続き、「ピザ焼き体験」へと進んだ。

体育館からピザ釜への移動中、参加者たちは、ピアノの音に誘われ

て校舎に入った。一階奥にある音楽室で、小学校四年生の頃から独学でピアノを弾き始めた地元の高校生が、歓迎をこめてショパンのピアノ曲を演奏していた。「彼は野老山の宝です」と、紹介すると、「すごい！」「すばらしい！」という声と拍手が校舎内に響いた。

やがて、お楽しみの自分たちで作った山菜ピザと、おとなの学校の学級長さんと副学級長さんが作ってくれた豚汁と炊き込みご飯で昼食。

昼からは、「ポールトゥウィン・ピットクルーホールディングス」の小西直人社長の「ネット時代の子育て」の講演からスタート。寒くなってきたので、あったかくなるハンドゲームの後、四国大学廣島義和教授の「社会教育と今回のプログラム」についてのまとめが続き、笑い声とすてきな笑顔で終了した。

わたしは最後に、これから月一回の「デジタル・ダイエット・キャンプ」を野老山で開催することを伝えた。参加者からは、

「千枝子さんは、ゲームをしないで、スマホを触らないで、と一言も言わなかった。でも、このプログラムの間、野老山での四時間、ほ

とんどの人がスマホを利用しなかった。これが『デジタル・ダイエット・キャンプ、親子関係の再構築』だと感じた」、「『野老山ワールド』、ここに来てよかった」との評価をたくさん聞くことができた。

わたしもこのキャンプで、野老山に集まってきたすべての人と、年齢をこえて助けたり助けられたり、自己主張できたと考えている。


「デジタル・ダイエット・キャンプ」は、まさに「レ・クリエイト＝再創造」。親子で、地域活動で、居心地の良い空間を作り上げていく必要性を体感させてもらった四時間であった。

野老山から全国へ発信。

「野老山ワールドへ、ようこそ」

伝えたい思いがある
かなえたい願いがある
走りっぱなしのわたしでも
さびしい時がある

人と人とのつながりが
ネットだけになったとき
そのときわたしは
どうするのだろう
そのときわたしは
何ができるのだろう

〔注〕

1 **ゲームの種類** アクション、アドベンチャー、シミュレーション、ロールプレイング、シューティング、パズルなど。ほかにも、スポーツ、レース、音楽、要素を組み合わせた複合ジャンルもある。

2 **ゲームの面白さ** 現実とは違う仮想世界での冒険や上達の実感、世界観やキャラクター、音楽、映像への関心など、いろいろな面白さがある。オンラインの場合、いつでも、だれとでもつながることができる。短時間で気軽にできるゲームは初心者にも人気。

3 「スマートフォンの利用者のうち、スマホゲームで遊んだ経験者は、68・9%」（消費者庁「スマホゲームの動向」第20回インターネット消費者取引連絡会資料 二〇一六年）

4 **仮想での学習**（シミュレータ） 現実の環境を再現する装置。飛行機の操縦訓練などで利用される。悪天候や故障など、現実では再現できない訓練も安心して行うことができる。（お仕事ナビ編集室『キャリア教育支援ガイド お仕事ナビ⑨飛行機に関わる仕事』理論社 二〇一六年 九頁参照）

5 **五つの提言** 日本小児科医会「『子どもとメディア』の問題に対する提言」二〇〇四年

6 **田澤雄作** 日本小児科医会「子どもとメディア」対策委員会副委員長を務める。「まなびのめ」二〇〇九年四月五日付インタビュー記事より

7 「**イクメンプロジェクト**」 厚生労働省が行っている、男性が積極的に育児にかかわることができる環境づくりの推進活動。Ｗｅｂサイトでは、育児休業制度の資料や実際の育児体験談など、男性の育児に関する情報を掲載。男性の育児と仕事の両立を推進し、育児休暇取得に取り組む企業も増えている。プロジェクトでは、「イクメン企業」として表彰し、取り組み事例を紹介している。

8 **サービス終了のお知らせ** オンラインゲーム参加者に、最も絶望と喪失感を与える言葉。自分が大切にし、情熱と時間と金銭と健康を投じてきたひとつの世界がすべてなくなってしまう。ゲームに何年間も、何百万円もかける人もいる。

9 **オンラインゲームの仕組み** 常に新しいイベントや

キャラクター、アイテム（道具）が追加されるため、延々と続けられる。イベントやランキングなど、期間限定や報酬の希少性がユーザーの原動力になる。ゲーム製作者は、無課金者でも「ちょっとでも課金すればいい報酬がもらえるイベントを打つ」。
鈴屋二代目『あなたはなぜパズドラにハマったのか？―ソーシャルゲームの作り手が明かす舞台裏』（井原渉・斉藤大樹監修）双葉社 二〇一四年 一四八頁

10 角川アスキー総合研究所編『ゲームってなんでおもしろい？』（二〇一六年）の中の、落合陽一・真鍋大度「メディア・アーティスト対談」より

11 「TABI LABO」二〇一七年五月十一日に掲載された記事「ビル・ゲイツが、子どもが14歳になるまで絶対に禁止していたこと。」（星佑貴）参照

12 **韓国** 対象学年の生徒に「インターネット依存自己評価スケール」を実施。チェックリストと同じで質問に回答し、依存していると判断された子どもがキャンプに参加する。二〇一一年、十六歳未満の深夜のオンラインゲーム使用を制限する法律、「シャットダウン制」を導入。

中国 ネット依存症の治療として、ネットのない環境で軍隊式の共同生活を送らせる。親に強制的に連れてこられる場合が多く、脱走や暴力、帰宅後のネット依存など、かえって逆効果になることもある。

タイ 二〇〇四年から、政府が親子対象のネット依存の予防教育プログラムを実施。

◎左記の文献を参考にさせていただきました。

岡田尊司『インターネット・ゲーム依存症―ネトゲからスマホまで』文藝春秋 二〇一四年
大日向雅美『みんなママのせい？ 子育てが苦しくなったら読む本』静山社 二〇一三年
鈴屋二代目『あなたはなぜパズドラにハマったのか？―ソーシャルゲームの作り手が明かす舞台裏』（井原渉・斉藤大樹監修）双葉社 二〇一四年
下田博次・下田真理子共著『液晶画面に吸いこまれる子どもたち―ネット社会の子育て』女子パウロ会 二〇一三年

山中千枝子（やまなか　ちえこ）

千斗枝グローバル教育研究所代表。こうちねっと見守り会議会長。

高知県生まれ。公立中学校、（財）高知県人権啓発センター勤務を経て、教育事務所で社会教育主事として人権教育を担当。越知町立野老山小学校校長として赴任し、「野老山発おとなの学校」を設立。2004年、越知小学校校長、越知幼稚園園長として、子どもたちや教職員、保護者、地域の人と関わる。2009年3月定年退職後、「千斗枝グローバル教育研究所」、「こうちねっと見守り会議」を設立し、研修、講演、啓発、支援活動などを続けている。

本書は、下田博次群馬大学名誉教授のご協力をいただきました。

もしかしてうちの子も？――しのびよるネット中毒の危険と対策

共　著　山中千枝子／女子パウロ会
発行所　女子パウロ会
代表者　松岡陽子
〒107-0052 東京都港区赤坂８-12-42
TEL.(03)3479-3943　FAX.(03)3479-3944
webサイト http://www.pauline.or.jp
印刷所　株式会社工友会印刷所
初版発行　2017年９月15日

ISBN978-4-7896-0786-5 C0037 NDC376 P88 19cm